천년 사랑

끌림 詩人選 008
천년 사랑

2025년 08월 25일 초판 1쇄

지은이　이정남
펴낸이　김영태
펴낸곳　도서출판 끌림
책임편집　김한결

출판등록　제2022-000036호
주소　대전광역시 서구 대덕대로 325, 스타게이트빌딩 471호
전화　0502-0001-0159
팩스　0503-8379-0159
전자우편　kkeullimpub@gmail.com

공급처　한국출판협동조합
전화　02-716-5616
팩스　02-716-2999

ISBN 979-11-93305-22-5 (03810)

값 11,000원

ⓒ이정남 2025

* 이 책은 저작권법에 따라 보호를 받는 저작물이므로 무단 전재와 복제를 금합니다.
* 잘못 제작된 책은 바꾸어 드립니다.

끌림 詩人選 008

천년 사랑

이정남 5시조집

시인의 말

  어릴 적, 강가에서 낚싯줄로 세월을 낚던 할아버지 곁에서 고시조를 읊조리던 기억이 있습니다. 그 여름을 떠올리면 지금도 눈시울이 붉어집니다.

  5시조집을 발간하며, 다시금 시조의 참된 가치를 생각합니다. 시조는 유구한 역사를 지닌 우리 민족의 고유한 정형시이며, 율격이 본질입니다. 품위 있고 격조 높은 이 시 형식은 초장·중장·종장이라는 세 부분으로 이루어져, 초장은 주제를 예시하고, 중장은 이야기를 전개하며, 종장에서 주제를 완성합니다. 이 속에는 우주의 철학, 지상의 과학, 그리고 사람이 지켜야 할 도리가 담겨 있습니다. 3장 6구 12음절의 율격 속에 700년을 이어온 한국인의 얼과 숨결이 오롯이 깃들어 있습니다. 세계에 자랑할 만한 문화유산입니다.

  시조를 쓰기 위해 팔도를 유람하며 경치를 감상하고, 그 속에서 마음의 정서를 길어 올렸습니다. 때로는 풍자와 해학을, 때로는 언어유희와 은유를 찾아내려 애썼습니다. 시조의 품격을 지키기 위해 비속어를 배제하고, 가급적 한자와 외래어를 쓰지 않으려 노력했습니다. 사물을 바라보는 냉철한 관찰력과 변별력, 그리고 머리가 아닌 가슴에서 우러나오는 진한 맛이 시 속에 배어 있기를 바랐습니다. 같은 장소를 세 번 이

상 찾아 영감을 얻은 적도 있습니다.

  선비의 걸음걸이에서 풍기는 고상한 품위처럼, 어렵게 쓴 시는 오래도록 기억에 남습니다. 독서는 마음의 양식이며 정신을 맑게 해주는 빛나는 문학입니다. 디카시조도 한몫하는 시조의 붐을 일으키는 신나는 글을 쓰고자 노력합니다.

  손에 든 책, 눈에 담은 시는 황금입니다. 작가의 손을 떠난 시는 이제 독자의 몫입니다. 누군가에게 즐거움과 위로를 줄 수 있다면 행복입니다.

  무더운 여름, 건강을 기원하며, 열정과 사랑을 전합니다.

2025년 여름

향 은

차례

시인의 말 —————————— 004

1부 · 함께여서 좋아라

뿌리 ——————————————— 013
행복을 주는 보물 ————————— 014
오는 봄 —————————————— 015
비 오는 뜰 ————————————— 016
어쩔 사랑 ————————————— 017
못 말려 —————————————— 018
꽃길을 걸으며 ——————————— 019
사랑인 줄 몰랐어요 ———————— 020
눈물 나는 고향 —————————— 021
누가 왜 —————————————— 022
보탑사의 하루 —————————— 023
상사병 —————————————— 024
세상맛 —————————————— 025
모여 ——————————————— 026
반야사의 노을 —————————— 027
재능 기부 ————————————— 028

2부 · 중독된 사랑

그리운 고향 ——— 031
등골에 부는 바람 ——— 032
기억해 줘 ——— 033
알박기 ——— 034
도솔산에 올라 ——— 035
산 교육 ——— 036
211번 ——— 037
그리움 ——— 038
커피를 마시며 ——— 039
불멍 ——— 040
해봤어 ——— 041
아, 어머니 ——— 042
바람 불어 좋은 날 ——— 043
천년 사랑 ——— 044
금강 ——— 045
방동 호수에 뜬 달 ——— 046

3부 · 길 위에 또 길

순리 ──────────── 049
목화 사랑 ──────────── 050
망각 ──────────── 051
외갓집 가는 길 ──────────── 052
유성 장날 ──────────── 053
눈물의 국수 ──────────── 054
찍어 ──────────── 055
엄마의 세월 ──────────── 056
풍년 ──────────── 057
풀벌레의 울음 ──────────── 058
독백 ──────────── 059
옷 수선을 맡기며 ──────────── 060
가을밤 홀로 앉아 ──────────── 061
산을 오르며 ──────────── 062
금산인삼축제 ──────────── 063
가을을 붙잡고 ──────────── 064

4부 · 그리움은 가슴마다

숙	067
반딧불 사랑	068
특이해	069
숙제	070
앗싸	071
고백	072
바우덕이	073
불효	074
또 봐	075
강촌의 겨울	076
눈 오는 밤	077
살아야 해	078
시인	079
겨울 대둔산	080
로맨스	081
등에 업은 오동잎	082

5부 · 소중한 사람

버스 안내양	085
기억	086
흥	087
거미 사랑	088
유혹	089
인연의 끈	090
직업병	091
땡	092
오류	093
불이야	094
안 맞아	095
서울의 달	096
더부살이	097
인생 타령	098
긴급상황	099
소중한 사람	100

1부
함께여서 좋아라

뿌리

이름은 아들인데 딸인 줄 알고 나서

정 안고 시집올 때 따라온 뿌리 하나

남몰래 훌쩍인 눈물 열매 맺고 꽃 핀다

행복을 주는 보물
- 2024년 4월 3일 푸바오 중국 반환

유채꽃 곱게 피어 웃음 짓는 에버랜드
용인 푸씨 떠나던 날 앞다투어 누른 셔터
전생에 사람이었나 환생한 듯 신기하다

코로나로 어려울 때 세상에 태어나서
유튜브로 전해지며 귀여움 한도 초과
실의에 빠진 사람들 큰 위안 받았다

사육사 베푼 사랑을 말 못 해도 알아듣고
새 꿈 찾아 떠난 하늘 행복하라 기도하며
남겨진 푸바오 모정 빗소리로 울린다

오는 봄

종달새 노래하는 산수유 핀 양지언덕
계곡물 흐른 소리
새 움트는 잎새마다
봄 맞을 준비 하라고 대자연이 알린다

비 오는 뜰

한 송이 고운 꽃을 가슴에 안겨 주고

새소리 바람 따라 실려 간 맑은 웃음

그리움 추억이 되어 사랑 눈물 내린다

어쩔 사랑

어쩌라 어쩌라고 맺지 못할 우리 사랑
인연의 끈 놓아버려 타인이 된 운명을
다음 생 기약하면서 쓰린 가슴 달랜다

못 말려
- 뿌리공원 축제

산성동 토박이들 입씨름 걸쭉하여
뿌리 찾아 들른 곳 밤샘 술에 뿌리뽑혀
누렁개 제 마당서 싸우면 절반 승리 먹는다

그 옛날 해 질 무렵 뜨겁던 주점 자리
뭇 남성 사철 웃음 바람 따라 드나들고
아낙들 바쁜 하루에 풋풋한 정 솟는다

비집고 둘러앉은 포장마차 북적이고
색소폰 무명 광대 빗물 함께 흐른 선율
한잔 술 추억을 싣고 빈 강 향해 달린다

꽃길을 걸으며

환한 길 걷다 보면 추억을 만나려나

웃음만 남기고 간 그 세월 그리워라

임 함께 걸어온 꽃길 둘이어서 좋았다

사랑인 줄 몰랐어요

진달래 환한 웃음 바람난 꽃 잔치에
물들어 들뜬 마음 멀미 난 어질 가슴
범나비 바쁜 날갯짓 이은 행렬 신났다

기억해 새봄 오면 꽃구경 꼭 또 오자
그 약속 바람 따라 구름 된 지 오랜 세월
희미한 옛사랑 추억 먼 하늘에 널뛴다

만날 때 이별 또한 생각지 않았건만
잊으려 애를 쓰면 눈물 나게 떠 오르는
명치끝 아린 슬픔을 이 봄 함께 나눈다

눈물 나는 고향

햇살에 고운 바람 흩어지는 이른 봄날
쓸쓸히 베고 누운 긴 강에 새들 웃음
굽어진 등허리 세워 또 하루를 깨운다

부르면 화답하듯 메아리 임자 없고
재촉한 발걸음에 주인 없는 빈집만이
한 아름 사랑을 토해 이정표로 서 있다

고향은 늘 부모님 그리운 마음 안고
외로운 타향의 삶 달래주는 힘의 원천
비탈길 언덕에 서서 반겨주는 참꽃이다

누가 왜

남쪽서 부는 바람 도시 골목 헤집으며
어둑한 봄날 저녁 그림자로 나 앉던 날
언덕진 성남시 땅에 하얀 하늘 노랬다

네 살 된 귀한 아들 불러도 대답 없고
놀이터 큰길가로 찾아 헤매 미쳐버려
울면서 날뛰던 세월 서른 해가 지났다

먼 거리 경찰서에 웃으며 과자 먹어
내 성격 늦은 말문 어느 놈의 소행인지
잠꼬대 튀어나온 말 야, 빨리 집에 가

보탑사의 하루

우아한 연꽃 모습 보련산 발길 멈춰
구름이 머물다간 느티나무 푸른 잎에
법문을 빼곡히 적어 바람 소리 읊는다

한 생의 이승 웃음 함박꽃 붉게 터져
절 마당 가득 돌아 새소리로 번져 나가
허공에 매달려 우는 풍경 마음 잡는다

어지러운 사바세계 티끌 욕심 내려놓고
간절한 기도 속에 나라 안녕 빌어보는
대웅전 부처님 미소 맑은 산천 환하다

상사병

노을 진 산언덕에 외로이 홀로 앉아
진달래 하염없이 바라보며 눈물짓던
애달픈 한 여인의 생애 서러운 봄 또 온다

한 우물 먹는 이웃 혼인 금지 토속풍습
짝사랑 숨죽이며 훌쩍 떠난 결혼생활
가슴에 검붉은 꽃을 토해내던 사람아

상사병 깊어져서 어린 자녀 두고 온 길
실성한 웃음소리 하루해 길어지고
오빠야 맹꽁이 울음 앞 도랑물 목쉰다

세상맛

흙담 밑 맨드라미 졸고 있는 나른한 봄
형제들 둘레 마당 빙빙 돌며 술래잡기
한나절 떠들썩한 집 할아버지 없었다

뒤 곁에 가지 말라 할머니 신신당부
솔가지 지붕 덮은 궁금증 참지 못해
밀치며 먼저 가려고 부푼 심장 숨찼다

꽃잎도 피지 않고 눈에 띈 빨간 열매
인삼은 해를 보면 자라지 않는다고
숨어서 때 기다리는 쓴 세상맛 최고다

모여

귀중한 주권 행사 꼭꼭 눌러 투표한 날
도솔천 옥녀봉에 변강쇠 만나자고
열나게 나팔 불어서 달린 친구 바쁘다

흥분된 우리나라 육 학년이 지켜야 해
거시기 살살하소 침 튀기며 헛방친 술
육이오 터졌던 전쟁 큰 난리도 아니다

목줄 당겨 사월에 핀 땅 꺼지는 한숨 소리
억울한 낀 세대 거품 물고 열변 토해
듣는 이 꽃구경 가고 쓴 술잔만 넘친다

반야사의 노을

수만 년 지난 세월 뚫린 가슴 안고 사는

반야사 새들 부른 찬불가 슬픈 울음

붉은 꽃 햇빛을 받아 법문 기도 서 있다

재능 기부

판교동 주간 센터 봄노래 봉사활동
손잡은 어르신들 큰 웃음 메아리로
세월에 물어본 나이 숫자라며 신났다

한평생 고단한 몸 평균 나이 팔팔 학년
노치원 뜨건 한낮 춤추며 흥 차올라
식장산 벙근 꽃 피어 봄바람에 나비다

백 세의 현실 직감 건강만이 애국인걸
정신 줄 꽉 붙들고 또 하루를 살아내어
자식들 버팀목 되는 시대 증인 최고다

2부
중독된 사랑

그리운 고향

부엉새 뜬눈 세워 지키는 고향 산천
아카시아 꽃잎 지면 시작된 모내기 철
골골이 울려 퍼지는 원앙 소리 정겹다

일꾼들 새참 바빠 엇박자 춤춘 엄마
사랑의 함박웃음 주인의 꿈을 먹고
빈 뜰에 신나게 피는 꽃 꿀벌들이 찾는다

오랜 세월 남아있는 소쩍새 깊은 울음
풍년든 봄날 가슴 빈 하늘 띄운 편지
그 시절 안부를 물어 바람결에 날린다

등골에 부는 바람

산 능선 비구름이 몰려오는 등골 마을
분주한 산촌 시인 햇살 얼굴 환한 웃음
바람은 꽃들을 깨워 춤추라고 성화다

삼백 년 지켜온 터 서까래 굽은 허리
한자리 모여 앉아 해탈한 세계 가면
우중에 쑥쑥 자라는 어린 새싹 신났다

비 멍 꽃 멍 정신 놓아 이탈한 무언의 시
고함친 빗줄기가 죽비로 채찍질해
동구 밖 늘어진 사랑 왕버들이 시 쓴다

* 대전광역시 흑석동 등골 라키비움, 김현중 시인 생가

기억해 줘

갑천변 산책길에
금계국 활짝 웃어
지나는 길손 모아 어서 오라 손짓한다
나는 또 누구의 가슴속
지지 않는 꽃 될까

알박기

어느 해 화창한 날 뜨건 맘 짊어지고
너른 들 한적한 곳 냇가에 짐을 풀어
흐르는 강물 위에다 사랑 음계 그렸다

망중한 즐길 때쯤 쏟아진 소나기는
계곡마다 약속한 듯 황토물 터져 나와
청춘들 손에 손잡고 물살 헤쳐 나왔다

한없이 걷던 길에 비 맞은 망초꽃이
추억을 배달하며 젊음을 불태우던
그 강가 알 박은 텐트 웃음소리 정겹다

도솔산에 올라

도솔산 맑은 숲속 눈 부신 햇살 빛나
새들 연주 삼매경에 콧노래 올려놓고
가쁜 숨 몰아쉬는 곳 물아일체 쉼터다

흰 구름 흘러가는 인생의 길목에서
살아온 날 돌아보며 서럽게 쏟은 눈물
지난 일 잊어버려라, 바람이 손잡는다

가세 바위 슬픈 전설 뜬 사랑 그리움에
낯선 눈 반짝이는 오월의 싱그러움
영근 맘 초록 물결을 가슴속에 담는다

산 교육

여름 해 꼬리 잡고 빈 강에 소를 몰아
푸르른 시냇가에 꼴망태로 끌어 담던
물소리 새 울음 따라 먼바다로 향한다

오수에 너럭바위 단잠 취해 꿈나라로
강바람 감싸안아 가슴속 파고들어
날 저문 싸늘한 샛강 한기 느껴 잠 깼다

더위에 깊은 골로 올라가며 풀 뜯던 소
어둑해 길을 잃어 묵은 묘에 둘러앉아
송아지 가운데 놓고 산 짐승들 지켰다

211번

장맛비 줄기차게 퍼붓던 가수원 길

파란 신호 기다리는 물 폭탄 뿌린 버스

빨간 불 뒤범벅되어 낭만 추억 꺼냈다

그리움
- 그해 여름

안개 낀 산 중턱에 화폭 하나 걸어두고
백련사 여름 절정 매미들의 불경 소리
덕유산 무주 구천동 고운 햇살 뜨겁다

걸망에 근심 담아 떠나온 맘 큰 슬픔이
죽비로 내린 비에 헤진 마음 다시 잡아
너 덜 길 한숨 뿌리니 천년 주목 웃는다

공양간 뛰어들어 남새잎 차 목축이며
손 내민 친절 도반 이끌림에 하산한 길
소낙비 가려진 시간 궁금증 씨 서 있다

커피를 마시며

흔들린 커피잔에

포개져 얼비치는

입술로 흘러내린 달콤했던 지난 추억

지독한 중독된 사랑

그리움을 마신다

불멍

삼십 리 오일장 날 할아버지 등에 지고
초승달 흐릿해진 박달재 넘어올 때
가마솥 바람 소리도 함께 울며 걸었다

날 짐승 밤 보초에 들쑥날쑥 밝히던 불
마중 못 한 할머니의 섭섭함 심술 내며
솥뚜껑 머리에 이고 동무하면 좋았을걸

야속한 세월 흘러 눈물 쏟은 김 나는 솥
옛 추억 장작불에 불 멍 되어 타는 가슴
밤새워 보고 싶다고 뜨는 해에 떼쓴다

해봤어

거기서 딱 기다려 가지 마 심쿵 한 맘
두 손 잡혀 끄는 데로
눈 감고 끌려가니
어머나 이글거린 해 눈부시게 빛난다

아, 어머니

조용한 시골 동네 밤새도록 퍼부은 비
불보다 더 무서운 난리 중 큰 물난리
둑 터진 정방이 마을 형체 없이 사라졌다

기둥 잡고 버티고선 엄니를 부른 아들
죽는다 오지마라 목만 남아 애탄 모정
긴박한 십 분여 사투 죽음 문턱 절규다

물보다 진한 핏줄 인연 끈 옭아매고
기진맥진 살아나와 한평생 첨이라며
감동해 웃는 하늘이 환한 햇살 비친다

* 2024년, 정방이 마을 대홍수

바람 불어 좋은 날

개여울 참방거린 돌의자 둘러앉아
시원한 계곡 바람 뜨건 맘 식히면서
해질 줄 모르고 지난 추억 불러 세운다

개구리 우는 여름 익은 오디 툭툭 지고
뽕나무잎 가득 담는 술안주 향기 퍼져
복분자 하늘빛 닮아, 지는 놀에 빛난다

사랑은 강물이며 인생도 구름이라
시인의 참 행복은 영원한 무지개색
긴긴해 붉은 마음을 초록 잎에 새긴다

천년 사랑

꽃바람 산 너울 새들 울음 물고 오는
물 맑은 생거진천 햇살에 맡긴 하루
초평호 둘레길 앉아 출렁다리 담는다

고려의 높은 기상 승천하는 용의 모습
무심한 부평초 흘러가는 저 물길은
윤슬로 웃음 지으며 지상 천 상 잇는다

닮은 돌 어우러져 천년 무게 이겨내는
농다리 세월의 힘 폭포수 줄다리기
노을은 강물을 타고 아름답게 빛난다

금강
– 김종윤 시인 시집을 읽고

한여름
폭염 뚫고 곱게 핀 정열의 꽃
그리움
풀어 놓은 서정의 강 푸르름이
천만년
내세를 돌아 끊임없이 흐른다

방동 호수에 뜬 달

날 저문 방동 호수 쓸 물처럼 빠져나가
텅 빈 객석 우두커니 바라본 강물에는
외론 달 쓸쓸히 앉아 밤 윤슬을 지킨다

두꺼비 생태 지역 개발로 파헤쳐져
느린 몸 이사 간 곳 누구도 알 수 없어
개구리 목 터진 울음 피난하러 바쁘다

데크 길 드러낸 뿌리 깊은 버드나무
목숨줄 부여잡고 아래로 파고들어
가슴에 꼭 안은 사랑 꽃피우며 웃는다

3부
길 위에 또 길

순리

운, 자를 뒤집으면 공, 되는 참 이치를

행운을 바라거든 노력하고 공들여라

세상에 공짜는 없다 뿌린 만큼 거둔다

목화 사랑

산청 길 굽이돌아 단성 땅에 봄이 오네
여보 소 벗님네야 쉬어가라 새들 불러
깊은 골 힘찬 물소리 맑은 햇빛 눈 부시다

붓 통에 담은 정성 진한 향기 퍼져나가
백성의 애환 품은 세상 안고 도는 물레
바람든 무명옷 속을 가득 채운 목화야

햇살에 환한 웃음 삼우당 효자 비각
뿌리와 종자 씨앗 가슴속 심어주며
영원한 어머니 사랑 등불 밝혀 서 있다

망각

세찬 비 내린 거리 버스를 기다리며

아무도 오지 않는 빈 정류장 긴 한숨만

못 챙긴 우비 기억도 무섭게 쓸려갔다

외갓집 가는 길

물소리 장구 치며 신나는 개울가에
정겨운 징검돌 시간 잊은 햇살 놀고
바람이 불어온 계곡 새들 노래 힘차다

작은 숲 오솔길에 순박한 찔레꽃이
묵은 길 잡아끌어 둥둥 뜨는 구름 마음
익숙한 외갓집 생각 어머니가 걷는다

쑥부쟁이 무성하게 묵정밭 지켜 서서
고향을 굽어보며 해달 함께 시름 달래
인적 뚝 끊어진 폐가 발길 돌려 슬프다

유성 장날

오일장 시끌벅적 골목길 사람 냄새
어릴 때 추억들이 꼬리 물고 줄을 서서
해맑은 웃음소리가 순박하게 퍼진다

바람에 귀를 열고 푸성귀 나풀대며
떠나온 밭 자락에 두고 온 형제 생각
새소리 엿가락 장단 뻥 강냉이 터진다

할머니 인정 담아 넝쿨 채 따라온 덤
소반에 한 상 가득 푸짐하게 담아내면
오늘 밤 우리 집 식탁 푸른 정원 꽃 핀다

눈물의 국수

시장통 오래된 집 장날만 징을 치는
함께한 외진 자리 뒤늦은 한 끼 식사
풀어진 세상맛 담아 따끈하게 먹는다

오일장 청춘 던져 장사해 바꾼 인생
자식들 뒷바라지 굽어진 등허리를
늙어서 편하게 살자 위로하며 참았다

아끼던 그 아들이 교통사고 떠날 줄을
생전에 좋아하던 국수 놓고 목에 걸려
노파의 눈물로 불은 슬픈 면 줄 길었다

찍어

간밤에 헐떡이며 왕래한 도둑 선생

기막혀 뛰는 가슴 심장 안고 졸았다

걸리면 바로 잡히는 홈캠 달고 마음 푼다

엄마의 세월

어린 날 추억들이 양철지붕 빗소리로
징징 울며 길을 나선 모퉁이 언덕길에
울 엄마 손 흔들어 주던 달개비로 서 있다

십오 리 학교 멀어 오빠의 재촉함에
허리춤 책보에 싼 도시락 함께 떨어
강촌의 해 짧은 하루 땀 나도록 뛰었다

말없이 흘러버린 세월도 멀어져 가
가슴을 엉겅퀴로 콕콕 찍어 쓰린 마음
유년의 어머니 되어 달맞이로 웃는다

풍년

하늘로 솟아오른
오색 단풍 품은 가슴
가을 뜰 머문 추억
하고픈 말 쏟아놓고
그리움 껴안은 긴 강 노을빛에 물든다

풀벌레의 울음

가을 녘 고운 단풍 온 마을 불을 지펴
열 앓이 끙끙대며 자리 잡고 드러누워
앙다문 냉가슴 안고 불길 속을 달린다

탈곡기 다 털리고 어지럽게 돌던 삶
내려친 도리깨질 원망한 세상살이
아버지 헛헛한 웃음 횃불 되어 오른다

현해탄 건너갔다 돌아오지 않았으면
어깨 진 험한 고생 딴 팔자 고쳤을걸
셋째 딸 인연 줄 안고 불덩이로 빛난다

독백

누구의 가슴속에 꽃이 된 적 있었던가

생채기 가시로 상처 주지 않았을까

붉은 맘 향기로운 꽃 사랑하나 남긴다

옷 수선을 맡기며

헤지고 터져버려 고쳐서 다시 쓰려
박음질 세찬 소리 귀를 뚫고 나온 저녁
산머리 밝은 달빛에 가을바람 서늘하다

내 인생 수리비는 얼마나 내면 될까
돌아본 아득한 길 생각지 못한 일들
상처 난 가슴을 안고 앞만 보고 달렸다

고운 단풍 환한 웃음 괜한 맘 투정 부려
재생 불능 반품 없는 남은 생 부여잡고
꽃잎 진 애달픈 사랑 저 하늘에 날린다

가을밤 홀로 앉아

달 불러 큰 방주고 쪽방 얹어 별을 주니
불 밝힌 고요한 집 온화한 정적 흘러
비좁아 돌아앉은 서재 활자들이 엄지척

창문 밖 귀뚜라미 주경야독 고열증세
문 열라, 풀벌레들 응급구조 사이렌에
링거 속 바람든 가슴 잃은 사랑 헌혈 중

쓸쓸한 가을밤에 외로운 벗 카톡 잡아
받거니 권하거니 피워낸 이야기 꽃
야한 밤 초대한 우주 붉은 해를 깨운다

산을 오르며

남 덕유 쌓인 안개 산허리를 감아 돌고
일방통행 빗줄기에 두 발을 묶어놓아
동료들 숲속에 숨어 심한 추위 떨었다

간식을 나눠 먹고 온기로 체온 조절
협동심 발휘하며 이 또한 지나가리
가진 정 꺼내놓으며 애쓴 수다 쏟았다

산 지킴 불자동차 점검하고 떠난 자리
궂은날 위아래로 불난 사람 조사나
터지는 요절복통에 내리던 비 멈췄다

금산인삼축제

불났네 불 나버려 금산 골 다 타 번져

가을 산 홍띠 메고 마을로 내려 왔슈

힘자랑 장수의 센 기 세계만방 알린다

가을을 붙잡고

단풍산 이끌림에 산악회 따라나서
마음은 소풍이요 넘실대는 황금 가슴
신나게 흔들리는 몸 번지수를 찾는다

꽃들의 헤픈 웃음 들길에 즐비하고
합주단 새들 노래 바람결에 울려 퍼져
강물에 떠 있는 햇살 아지랑이 곡예다

여자 혼자 등산와서 색안경 끼고 보아
미쳐서 게거품 문 지랄도 풍년이여
열 올린 만산홍엽에 푸른 하늘 드높다

4부
그리움은 가슴마다

숙

찬란한 무지개색

전국 일곱 숙이 친구

숙 숙 숙 불쑥 잔치 열나는 카톡 소리

강원도 봄 오면 만나

제주도는 여름인데

반딧불 사랑

남몰래
숨죽이며
밤을 밝혀 맺은 사랑
어둠 속에
빛이 나면
진정한 사랑이지
쉼 없는 붉은 속마음 영원토록 불탄다

특이해

벗님들 모여 앉아 문학 향기 꽃피우고

서두른 자동 사진 앉은 자리 바뀐 얼굴

살려줘 놀란 현수막 공중 부양 떠 있다

숙제

돈 정리 사람 정리
때 지난 물건 정리

떠나면 빈손인걸
부질없는 큰 욕심을

환갑을 살아온 세월
꼭 해야 할 숙제다

앗싸

김장도 안 했는데 눈이 펄펄 내린다

걱정은 태산이오 마음은 동사 직전

친구야 김치 가져다 먹어 복권 맞은 땡 재수

고백

깊은 밤 설친 잠에 언뜻 보인 그대 생각
두드리는 바람 소리 설렌 맘 창문 여니
그믐달 빈 뜰에 앉아 생 웃음을 짓는다

그립다 보고 싶어 진한 가슴 고백할걸
시린 사랑 외등 켜고 바라본 하늘 저편
은하수 다리를 놓고 별꽃 잔치 바쁘다

세월 가도 볼 수 없는 서글픈 풋사랑이
머리는 기억 속에 가슴은 먼 추억에
동 터는 긴 꼬리 잡고 겨울 강을 건넌다

바우덕이

모진 삶
허공중에 외줄로 걸어 놓고
곡예사
고통 감내 하늘에서 펄펄 날아
한평생
외씨 버선발 신발 찾아 헤맨다

불효

아버지 뼈를 빌려 어머니 살을 얻어

세상에 태어날 때 저 혼자 온 것 인양

부모 공 모르고 살아 땅을 치며 후회한다

또 봐

사랑한 사람들은 늘 그리움 안고 산다

쓸쓸히 항구에 뜬 밝은 달 마중 나가

눈물로 바람든 가슴 약속하나 기다리며

강촌의 겨울

매서운 겨울방학 따분한 산촌 일상
문풍지 칼춤 추며 하늘로 뛰어올라
형제들 외친 소리가 온마을을 뒤집는다

눈 쌓인 방공호에 쥐 방구리 드나들 듯
자치기 구슬치기 딱지치기 술래잡기
누나야 화장실 숨어 목메 부른 동생들

방앗간 몰래 들던 참새잡이 헛방 돌고
시린 손 호호 불며 온기 품어 추억 깨운
아버지 끌어준 썰매 언 강 위에 서 있다

눈 오는 밤

바람도 맞아봤고
서로 좋아 눈도 맞고
입맞춤에 누가 볼까 몰래 한 깜짝 사랑
오늘도 등 뒤에 숨어
눈사람과 나눈다

살아야 해

한겨울 감나무 끝
홍시에 목숨 걸고
억척 삶 직박구리
이승 도장 꾹꾹 찍어
차디찬 허공에 쓰는 하나뿐인 그 이름

시인

바람에 떠다니는 문장들 불러 모아

씨줄 날줄 엮어서 둥근달로 채워놓고

환한 밤 뜨거운 마음 활활 지펴 태운다

겨울 대둔산

산중에 새들 노래 계절 안고 울려 퍼져
자연이 그려놓은 천하절경 넋을 잃어
구름도 턱걸이하는 대둔산을 오른다

마천루 마주하는 생명 다리 난간 잡고
하늘로 이어진 길 신선 세계 꿈을 꾸며
철 계단 오금 떨려와 지은 죄를 돌아본다

공들여 쌓다 보면 큰 산 하나 우뚝 설까
굴곡진 우리 인생 산 위에서 깨친 지혜
발아래 펼쳐지는 삶 작은 행복 느낀다

로맨스

호숫가 맑은 물이 출렁대는 용 고갯길

한사코 거절한 쌍 부부 착각 찍어준 사진

내 편은 오지랖 넓다며 한심하게 웃었다

등에 업은 오동잎

유등교 절룩거린 난간 둑에 기대서서

찬바람 막아내며 울리는 유서 한 장

가문을 빛내어다오 손주들만 믿는다

5부
소중한 사람

버스 안내양

장애인 학생 승차
친절하게 사랑합니다

건강한 젊은이들
함박웃음 감사합니다

이 나라 지켜준 당신
존경 인사 고맙습니다

기억

책장을 정리하다 먼지 쌓인 오랜 시간
누렇게 바래버린 슬픈 맘도 함께 털어
고상한 시인의 증표 밝은 활자 웃는다

저마다 형형색색 밤새워 공을 들여
멋지게 이름 위에 갈고 닦아 빛을 내며
문학의 영혼을 태워 눈부시게 서 있다

고독한 문단 생활 기억 저편 옛 얼굴들
이승에 남긴 열정 저승에서 시를 쓸까
국문과 밥 굶을 학과 놀뫼 선생 그립다

흥

코 평수 넓혀가며 콧방귀 흥흥흥흥

입주름 활짝 펴서 큰 웃음 <u>ㅎㅎㅎㅎ</u>

흥하고 망하는 것이 세 치 혀끝 달렸다

거미 사랑

베란다 귀퉁이에 촘촘하게 엮은 십자
노안의 눈동자로 가물거린 노적가리
성모님 사랑이었나 축복받은 경사다

주인의 허락 없이 튼튼하게 집을 지어
바람도 구름도 걸림 없이 얹어놓고
산 입에 거미줄 치냐며 밝은 해를 부른다

창문을 반쯤 닫아 거센 비 철통 보안
한 쌍의 밀어 나눈 거미를 바라보며
월세를 받아 볼까나 부자 된 맘 기쁘다

유혹

돈 자랑 잘난 자랑 함부로 하지 마소

달콤한 사탕발림 못난 사람 꼴값 떨어

멋지게 인물값 해야 이 시대의 신사다

인연의 끈

바람 찬 해안절벽 동백꽃 유난 떨어
정월의 늘어진 잠 귀한 햇살 깨워놓고
부풀어 터질 듯 말 듯 애간장만 태운다

희뿌연 눈발 날린 청량리 맘모스 다방
저당 잡힌 마음졸여 인내하며 기다렸던
추억의 빨간 마후라 귀 티 나게 날렸다

긴 만남 튕긴 배짱 휴식 전쟁 선언하면
총구를 들이대며 조준하는 파일럿 힘
그 총이 물총인 줄은 세월 흘러 알았다

직업병

경부선 무궁화호
열차에서 팔던 장사
투철한 직업정신
치매 환자 목청 높여
찐 계란 김밥 왔어요
재활병원 파도 탄다

땡

법망에 포로 되어 내란수괴 떠들썩해
섣부른 개혁 실패 촉 수의 날을 세워
저 홀로 외치는 망상 태극기가 웃는다

국민들 냉가슴에 우울증 깊어지고
시절이 하 수상 혀 초침마저 고꾸라져
역사를 되돌린 단면 사상 최대 난제다

금배지 곧은 성품 군계일학 찬란함도
처세술 물거품에 도덕군자 반벙어리
땡땡땡 용산의 밤길 통행금지 울린다

오류

유튜버 촬영 준비 낡은 의자 천 씌우며

뒤집어진 참한 애기 쉬운 걸 못 끼우냐

껴 본 지 오래되어서, 제발 나 좀 내 버려둬

불이야

전국 산 불타올라 허공에 치솟더니
불덩이 애태우며 새봄을 휘저놓아
물로서 심판도 모자라 불바다를 만든다

하늘의 운을 빌려 평생을 이은 삶터
한순간 보금자리 잿더미로 변해버려
순박한 농촌의 일상 기절초풍 하루다

불불불 이산 저산 뭇짐승 숨 차올라
국토의 타는 불길 눈물로 호소하니
하나님 살려 주세요 바람 앞의 등불이다

안 맞아

지난밤 꿈속에서 아버지 환한 웃음

진땀빼고 달려가 복권을 긁었더니

숫자가 일어나면서 저축하래, 꽝이야

서울의 달

빌딩 숲 낯선 골목 숨어보는 달그림자
서러운 셋방살이 눈물 꽃 애처로워
한 아름 슬픔을 안고 서성이며 헤맨다

부모님 걱정할까 서둘러 했던 결혼
사랑의 결정체 자식 낳아 키워가며
효도한 시대의 흐름 변한 현실 빠르다

겁 없고 용기 나는 세상 속 힘이랄까
자식 둔 모성 본능 환한 웃음 달빛 되어
한강 물 굽어보면서 푸르른 빛 춤춘다

더부살이

나이는 서른아홉 집 한 채 없다고요
결혼도 못 해보고 외출 꿈도 못 꾸죠
골방에 틀어박혀서 슬픈 가슴 달래요

부모를 탓해봐도 형제를 원망해도
빗물에 쓸려가는 티끌 먼지 신세되
아우성 메아리들만 눈물 되어 흘러요

창문에 밝게 비친 햇살 한 줌 받아먹고
황금 덩이 끌어안고 날마다 기도해요
내일은 문패를 걸까 한옥 찾는 시조협회

인생 타령

짧은 해 등에 지고 허름한 선술집에
봄맞이 지인들과 술잔을 높이 들고
신명 난 바람들 모아 이야기꽃 피운다

저마다 가슴속에 묻어둔 비밀 얘기
터트려 볼까 말까 사연만 쏟아놓고
애꿎은 쓴 술맛 핑계 하늘의 별 웃는다

인생이 그런 거지 알고도 속는 거지
나 자신 내려놓고 사랑하며 사는 거야
홍도동 울리는 노래 붉은 태양 솟는다

긴급상황

한여름 찌는 더위
송시인 긴급 문자

폭염에 수명 다한
세탁기 자빠졌다

영원히 기한 없는 것
남편밖에 없더라

소중한 사람

안 보면 보고 싶고
눈감으면 더 그리운
언제나 마음속에
함께 사는 또 다른 나
날마다 꺼내 볼수록
별이 되어 빛난다